혼자만의 시간이
필요해

날마다 더 행복해지는 나를 위한
일러스트 다이어리북

엄마도 가끔
–
혼자만의 시간이
필요해

이임숙 지음

엄마에겐
가끔
혼자만의 시간이
꼭 필요합니다

엄마는 웃으며 이렇게 말합니다. 아이는 잠잘 때가 가장 예쁘다고요. 인정하기 좀 쑥스럽지만 엄마는 그렇습니다. 잠자는 아이가 가장 예쁜 이유는 그때야 비로소 오롯이 혼자만의 시간을 가질 수 있기 때문일 겁니다. 종일 아이 키우는 일에 집중하다가도 아이가 잠든 그 순간만큼은 절대 방해받고 싶지 않은 나만의 소중한 시간입니다.

혼자만의 시간 동안 하고 싶은 일이 무엇인가요? 밀린 집안일은 잠시 미루어두셔도 좋습니다. 지쳐 잠들지만 않는다면, 향기로운 차 한 잔 마시며 나 자신과 마주 앉아 이런저런 이야기를 나누어보세요. 그리고 그 소중한 이야기들을 글로 옮겨보면 어떨까요?

흔히 글로 쓰면 원하는 것이 이루어진다고 합니다. 저 또한 글을 쓴 지는 꽤 오래되었고, 책을 쓴 지는 8년이 되었습니다. 열 권이 넘는 책을 쓸 때마다 늘 찾는 것이 있습니다. 예전에 끄적거려놓았던 글 조각을 찾는 일이었습니다. 정리를 잘 못하는 성격이라 여기저기 꽂아둔 자료들 속에서, 오래된 공책 끄트머리에서 아이 키우며 느끼고 생각했던 마음 자락들을 찾아낼 때마다 그렇게 반갑고 기쁠 수가 없었습니다. 글을 통해 20여 년 전의 나를 만나며 '그때 참 기특한 생각도 했네. 애 많이 썼구나. 고생 많았어. 잘한 것도 참 많네'라며 그 글을 실마리 삼아 또 다른 글을 쓸 수 있었습니다. 그리고 신기한 건 글로 끄적거려 놓았던 나의 소망들은 지금 돌아보면 거의 다 이루어져 있다는 사실입니다. 아마 글을 쓰며 다시 저를 돌아보고 다짐했던 그 모든 시간이 저를 바른 방향으로 이끌어주었기 때문일 겁니다.

'때'를 아는 엄마가 되고 싶다

아이들을 키우면서 '때'를 아는 엄마가 되고 싶었습니다. "그때 그러지 말걸, 그 때 이랬어야 했는데……." 후회의 연속인 엄마 역할에서 갖게 된 바람이었습니다. 엄마는 늘 잠시 전에 아이에게 했던 일을 가슴 아프게 후회합니다. 좋은 글을 읽고 지혜로움을 배워도 '지금 무엇을 해야 할 때'라는 걸 깨닫는 일은 쉽지 않았습니다. 저는 그럴 때마다 소녀 시절 열두 번이나 읽었던 《모모》(미하엘 엔데)의 거북이 카시오페아를 떠올립니다. 카시오페아는 5분 앞의 미래를 볼 수 있습니다. 너무 멀리 보는 것이 아닌 딱 5분이어서 좋았습니다. 왠지 더 많이 앞을 볼 수 있다면 지나치게 거만해지거나 소중한 것들을 가벼이 여길 것 같아 욕심내지 않는 5분이 더 좋았지요. 5분 먼저 아는 카시오페아가 등에 'follow me'라 쓰고 모모에게 따라오라고 합니다. 저에게도 그런 거북이 친구 한 명 있으면 좋겠다는 간절한 소망을 가졌지요. 5분 앞을 안다면 나는 지금 이 순간 화를 덜 낼 텐데, 5분 앞을 미리 알 수 있다면 아이와 더 많이 웃고 행복해하며 보낼 수 있을 것 같았습니다. 아이를 혼내고 5분도 되지 않아 후회하게 되니까 말입니다.

그러다 언젠가부터 카시오페아를 대신할 수 있는 방법이 있다는 걸 깨달았습니다. 바로 제 마음을 글로 옮겨놓는 일이었습니다. 길고 짧은 건 아무 문제가 되지 않았습니다. 잘 쓰고 못 쓰는 것도 중요하지 않습니다. 자주 쓰지 않아도 됩니다. 다만 솔직하게 혼잣말하듯이 쓰기만 하면 됩니다. 그렇게 써놓은 글들이 나에게 새로운 지혜와 통찰을 가져다주기 시작했습니다. 오늘의 잘못을 깨달을 줄 알게 되었고, 내일 내가 무엇을 해야 하는지 조금은 쉽게 알아차릴 수 있었습니다. 나를 돌보고, 아이를 돌아보고, 사랑하는 가족과의 관계를 키워가며 미래를 준비하며 살 수 있게 되었습니다.

나는 나를 좋아하는가?

20년 전, 심리 워크숍에서 들었던 가장 충격적 질문은 '나의 장점 10가지 쓰기'였습니다. 저뿐만 아니라 참가자들 모두 "헉!" 하며 놀라고 "휴!" 하는 한숨 소리를 냈지요. '10개씩이나? 난 겨우 두세 개밖에 없는데' 하는 마음이었습니다. 그때 그 글을 쓰며 머리를 쥐어짰던 경험이 아직도 생생합니다. 요즘은 이 질문이 꽤나 많이 알려져 있어 사람들이 쉽게 쓸 수 있게 되었지만 여전히 아주 많은 엄마들은 '내가 내 마음에 드는 점 10가지'를 채우기 어려워합니다.

어떻게 보면 참 웃긴 현상입니다. 내가 나를 좋아하지도 않으면서 타인이 나를 좋아해주기를 바라니 말입니다. 그래도 그때 썼던 딱 세 개의 글에서 시작해서 이젠 백 개도 훨씬 넘게 쓸 수 있게 된 걸 보면 참 많이 발전했다는 대견스러운 마음이 듭니다. 아마 한 해 한 해 시간이 지나도, 나이 듦이 걱정되기보다 편안하고 여유로워지는 이유도 이렇게 글을 쓰며 나를 돌아볼 줄 알게 되었기 때문이 아닌가 합니다.

　가끔씩 스스로에게 질문합니다. '나는 내 삶을 잘 가꾸고 있을까? 따스한 햇살 받으며 시원한 바람 맞으며 촉촉한 물기를 머금은 그런 인생을 살고 있을까?'

　살다 보면 때론 비가 안 와 갈증이 나고, 때론 태풍으로 뿌리째 흔들리는 위기를 겪겠지만, 그런 일을 핑계로 내가 나를 돌보는 일을 멈춰버린 건 아닐까요? 좋은 글을 읽고, 음악을 듣고, 꿈을 꾸고 상상을 하지만 나의 현재 모습이 그것과 다르다면 이제 더 다른 것에서 찾지 말고 내 속에서 길을 찾을 때입니다. 지나온 나를 돌아보며, 지금의 나를 살펴보며, 미래의 나를 그려보는 시간이 필요합니다.

나를 스쳐간 지혜와 깨달음 중에서

진짜 원하는 게 뭐지?
잘하고 싶은 게 뭐야?
과연 그럴까?
남이 하는 말에 왜 자꾸 휘둘리지?
중요한 일을 하고 있는 걸까?
지혜롭게 행동하는 걸까?
왜 이렇게 심각하게 생각하니?
어떤 일을 하고 싶은 거지?
어떤 사람으로 살아가고 싶니?

이 책에 쓴 글은 저를 스쳐 지나간 많은 지혜와 깨달음 중에서, 제 마음에 고스란히 남아, 때론 빛이 되고 때론 거울이 되는 말과 질문들을 모았습니다. 부족한 제 마음에 담아두었던 것들이라 당신의 마음에 들지 않을 수도 있습니다. 그럴 땐 수정액으로 곱게 지우고 그 위에 자신만의 언어로 다시 써내려 가시기 바랍니다.

엄마에겐 가끔 혼자만의 시간이 꼭 필요합니다. 그 시간을 통과하며 엄마는 아이와 함께 성장하는 시간이 되어야겠지요. 일상이 아무리 바쁘다지만 나를 잊고 살 수는 없는 일입니다. 이 책을 써 내려가다 보면 당신은 당신이 원했던 사람으로 분명 살아가고 있을 거라 확신합니다.

일상에 지친 당신에게, 자신을 잊고 사는 엄마들께 작은 선물이 되기를 진심으로 바랍니다.

2016년 선선한 가을바람에 감사하며

이임숙

1. 각 질문에 대해 솔직한 생각과 느낌을 적으세요.

이 책을 어떻게 활용하느냐는 순전히 당신에게 달렸습니다. 답변을 쓰는 데 정해진 형식이나 규칙, 순서는 없습니다. 늘 곁에 두고 시간이 날 때마다 어느 부분이든 펼쳐서 자유롭게 써보세요. 자유롭게 쓰고, 메모하고, 색칠을 해보세요. 그림을 그리거나 사진을 붙여도 괜찮습니다.

2. 답변은 단답형보다 길게 구체적으로 적는 것이 좋습니다.

아무리 작고 사소한 것이라도, 자신을 찾아가는 데는 중요한 힌트가 될 수 있습니다. 그동안 묻지 않고 듣지 않아 몰랐던 가슴속 깊은 곳의 이야기를 써보세요. 느낌과 감정, 생각과 의미까지 평소 지나치기 쉬운 마음을 잘 들여다보세요. 자기도 몰랐던 자신의 꿈과 사랑, 과거와 미래, 가족과 관계에 관한 소중한 이야기들을 만나보게 될 거예요.

3. 천천히 숨을 고르고 생각나는 대로 써나가세요.

손으로 글을 쓰는 일이 점점 낯설어지는 요즘입니다. 그렇지만 이 책에는 바쁜 일상 속에 잠깐 짬을 내어 내 손으로 글씨를 써보세요. 쓰는 잠깐의 시간 동안

치유되고 정리되는 느낌이 들 것입니다. 자신이 직접 쓴 응원과 위로의 메시지는 잊지 않고 무의식에 각인된다고 합니다. 나중에 그 글을 다시 읽다 보면 쓸 때의 느낌까지 고스란히 되살아나게 될 것입니다.

4. 시간이 지나고 계속 덧붙여가세요.

일상에서 바쁘게 살아가느라 정작 중요한 것을 잊고 사는지 모르는 엄마들에게 아이와 가족에 대해 한 번 더 생각해볼 시간을 갖게 도와줍니다. 답변이 떠오르지 않으면 건너뛰거나 간단한 힌트나 아이디어만 메모하고 나중에 적어도 됩니다. 시간이 지나면 같은 질문에 대한 답을 또 써보세요. 어느 순간 한결 성장한 자신의 모습을 깨닫고 행복하게 웃게 될 거예요.

5. 이 책은 당신의 가장 빛나는 순간들의 기록이 됩니다.

당신에게 주어진 숙제가 아닙니다. 당장 완성할 필요도 없고 스트레스 받을 필요도 없습니다. 책 속의 질문을 곱씹으며 찬찬히 글을 쓰다 보면 어느새 위로받고, 격려받고 있는 자신의 모습을 발견하게 될 것입니다. 그것들이 모이면 엄마의 고민과 성장이 오롯이 기억된, 가장 빛나는 순간들의 기록이 될 것입니다.

차례

Chapter 1

나만을 위한 시간

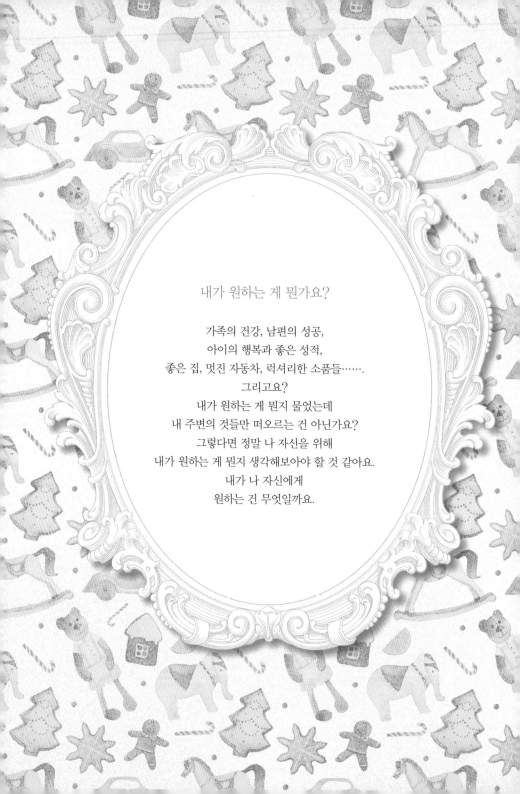

내가 원하는 게 뭔가요?

가족의 건강, 남편의 성공,
아이의 행복과 좋은 성적,
좋은 집, 멋진 자동차, 럭셔리한 소품들…….
그리고요?
내가 원하는 게 뭔지 물었는데
내 주변의 것들만 떠오르는 건 아닌가요?
그렇다면 정말 나 자신을 위해
내가 원하는 게 뭔지 생각해보아야 할 것 같아요.
내가 나 자신에게
원하는 건 무엇일까요.

다음 질문에 답을 해보세요.

세상에서 가장 멋진 사람은 누구? 1글자로.

세상에서 가장 멋진 사람은 누구? 2글자로.

세상에서 가장 멋진 사람은 누구? 3글자로.

세상에서 가장 멋진 사람은 누구? 4글자로.

세상에서 가장 멋진 사람은 누구? 5글자로.

세상에서 가장 멋진 사람은 누구? 6글자로.

하루 24시간 중 나를 위한 시간은?

생명 유지를 위한 시간 약 8시간,
최소한의 인간적 외모 유지를 위한 시간 1시간 정도를 빼면 15시간.
그중 나를 위한 시간은 별로 없었을 거예요. 그런 시간 얼마나 갖고 싶어요?
그 시간에 뭘 하고 싶나요?

내가 꿈꾸는 하루는?

오늘도 애들은 말을 안 듣고, 남편은 데면데면……
아! 내일 또 그러면 너무 재미없을 것 같아요.
내일은 어떤 날이 되기를 바라나요?
내가 꿈꾸는 하루를 한번 표현해보세요.

"내 기분은 내가 정해.
오늘 하루는 행복으로 할래."

이상한 나라의 앨리스는 어떻게 이런 생각을 할 수가 있었을까요?
오늘은 앨리스처럼 한번 해보면 좋겠어요.
오늘 당신은 어떤 기분으로 정하시겠어요.
한번 골라보세요. 없으면 써 넣어요.

쓸쓸함

슬픔

외로움

시원함

기쁨

부드러움

미소

유쾌함

상쾌함

기대하는

고독함

차분한

가라앉은

설레는

침착한

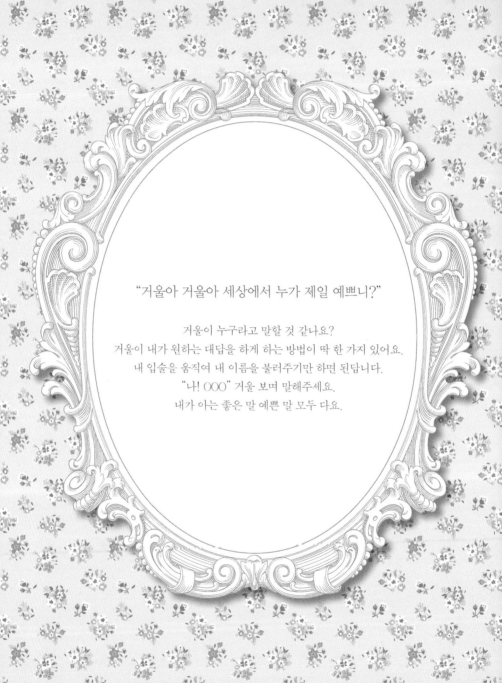

"거울아 거울아 세상에서 누가 제일 예쁘니?"

거울이 누구라고 말할 것 같나요?
거울이 내가 원하는 대답을 하게 하는 방법이 딱 한 가지 있어요.
내 입술을 움직여 내 이름을 불러주기만 하면 된답니다.
"나! ○○○" 거울 보며 말해주세요.
내가 아는 좋은 말 예쁜 말 모두 다요.

"넌 참 괜찮은 사람이야."

내가 웃는 게 웃는 게 아닐 때가 너무 많죠?
계속 그러면 너무 힘들어요.
속으로 울고 있는 이유를 말해주세요.
있는 대로 전부 다.

당신은 무엇을 가졌나요?

계속 남들만 부러워했다면 이젠 당신이 무엇을 가졌는지 살펴볼 때가 된 거예요.
이제 당신이 가진 걸 보세요. 해당되는 것에 모두 동그라미를 쳐봐요.
그리고 어떤 때 발휘하고 있는지도 꼭 메모해주세요.

창의성   학구열
개방성
호기심
통찰
사랑
사회지능
감사
끈기
용감성
진정성
관대성
활력
겸손
감상력
신중성
공정성
책임감
자기조절
낙관성
영성   리더십
유머감각

[마틴 셀리그만과 크리스토퍼 피터슨의 성격강점 24가지]

내가 잃어버린
나의
모습은?

엄마 역할은 어느 하나 녹록한 것이 없어요. 그러니 힘들 수밖에요.
그런데 힘든 이유가 한 가지 더 있는 거 아세요?
엄마 역할에 너무 정신이 없어서 '내가 나를 잃어버렸기' 때문이에요.
내가 잃어버린 나의 모습을 기억해보세요.

오늘 많이 힘들었죠?

정말 많이 힘드셨을 거예요. 오늘도 치열한 하루를 살았으니까요.
제일 힘들었던 것 세 가지만 말하듯이 적어보세요.
하소연하고 싶은 말, 원색적인 원망도 괜찮아요.
말하고 글로 쓰는 것만으로도 마음이 조금 진정될 수 있으니까요.

하나

둘

셋

하나

마음 약국이 있어요.
그곳에 가면 내 마음의 약을 준답니다.
그런데 처방전은 어디서 구하냐고요?
그야 물론 당신이죠.
당신의 마음의 병은 당신이 가장 잘 알아요.
어떤 약을 짓고 싶은가요?

나를 위로해준 적 있나요?

안타깝게도 엄마가 된 나를 토닥여주는 사람이 없는 것 같아요.
엄마니까 참아야 하고, 더 강해져야 한다고 강요받으며 살아요.
그런데 말이죠, 나를 위로해주는 사람이 없다고 불평하기 전에
내가 나 자신을 위로한 적이 있는지 생각해보면 좋겠어요.
아마 별로 없을 거예요. 오늘은 나를 제대로 한번 위로해주면 좋겠어요.

"정말 애 많이 썼어.
많이 힘들었지?
수고 많았어. 괜찮아."

남편 때문에 아이 때문에 너무 많이 속상한 날,
나를 위로하는 방법을 좀 더 생각해보세요.
위로 음식, 위로 음악, 위로 장소, 위로 선물, 위로해주는 사람,
가능한 많이 많이 찾아서 써보세요.

나에게 칭찬해주세요.

"엄마는 책도 잘 읽어주고, 나랑 동생도 잘 돌보고, 일도 잘하고, 잘 놀아주고,
맛있는 것도 잘 해주잖아. 엄만 참 대단해."
어떤 아이가 엄마를 이렇게 칭찬해주었어요. 참 기특하네요.
이제 나 스스로 이런 칭찬을 해보세요. 내가 참 기특한 것,
내가 참 대단한 것, 칭찬하고 싶은 것들을 써보세요.

내겐 아주 좋은 친구가 있지.
그 친구는 바로 나야.
난 나와 함께 즐거운 일을 하지.
아침에 일어나면 난 나에게 말을 하지.
"야, 참 멋지구나!"
내 기분이 나쁠 때면,
난 스스로 기분을 좋게 만들지.

– 《난 내가 좋아!》(낸시 칼튼 지음, 보물창고) 중에서

이 그림책의 주인공처럼 생각해볼까요?
내 옆에 내가 앉아 있어요. 이 친구와 함께 무엇을 하고 싶은가요?

우리의 내면에 간직한 불은 그냥 스러질 수 있지만
다른 사람에 의해 불꽃으로 피어오르기도 한다.

– 알베르트 슈바이처

누군가 나의 내면에 있는 불꽃을 피워줬으면 좋겠어요.
활짝 피어오르길 바라는 나의 불꽃들은 무엇인가요?

다음 두 문장을 시작으로 글을 써보세요.
다 쓰고 난 뒤 한번 비교해보세요.

나는 오늘도 우울하다

내가 자주 우울한 이유는 뭘까?

나의 일곱 살을 떠올려보세요.
그 아이를 보니 어떤 감정이 느껴지나요?
그 아이에게 무슨 말을 해주고 싶나요?
무엇을 해주고 싶나요?

나의 자존감을 점검해보세요.

다음 문항을 읽고 현재 자신에 관한 적절한 설명이라 생각되는 점수를 쓰세요.

1 자주 그렇다   2 가끔 그렇다   3 중간이다   4 거의 그렇지 않다   5 전혀 그렇지 않다

번호	문 항	점수
1	나는 변화가 두려워 익숙한 것을 선택한다	
2	나는 거부당할까 봐 표현을 잘 못한다	
3	나는 도움이 필요할 때 다른 사람에게 요청할 수 있다	
4	나는 사회적으로 성공해야 인정을 받는다고 생각한다	
5	나는 나 자신의 조그만 실수도 용서하기 힘들다	
6	나는 타인과의 갈등을 만족스럽게 해결한다	
7	나는 과거에 잘못한 것들에 대해 곰곰이 생각하곤 한다	
8	나는 누가 나의 잘못을 지적하면 인정하기 힘들다	
9	나는 가족들과 좋은 관계를 맺고 있다	
10	나는 나 자신을 몰아붙이듯 일한다	
11	나는 자신에 대해 부정적인 말을 많이 한다	
12	나는 삶을 열정적으로 산다	
13	나는 높은 지위를 얻어 사람들로부터 인정을 받고자 한다	
14	나는 결단력이 부족해서 기회를 놓치곤 한다	
15	나는 내 안에 생명의 에너지가 존재한다고 믿는다	
16	나는 다른 사람에 대해 비판적이다	

17	나는 다른 사람과 자신을 비교한다	
18	나는 나 자신을 있는 그대로 받아들인다	
19	나는 상황이 조금만 안 좋아도 최악의 상황이 일어날 거라 생각한다	
20	나는 돈을 많이 소유함으로써 나의 가치를 인정받고자 한다	
21	나는 다른 사람과 친밀한 관계를 잘 맺는다	
22	나는 외모에 자신이 없다	
23	나는 나 자신의 한계를 받아들인다	
24	나는 겉으로 드러나는 것으로 다른 사람의 인정을 받으려 한다	
25	나는 어려운 일이 닥치더라도 잘 헤쳐 나갈 수 있다	
26	나는 완벽해야 한다	
27	나는 삶을 잘 살 수 있는 자원이 있다	
28	나는 모든 사람의 사랑과 인정을 받아야만 한다	
29	나는 스트레스 상황에서도 자신을 잘 표현한다	
30	나는 문제를 직면하기보다 회피하려 한다	
31	나는 일이 내 뜻대로 되지 않아도 행복할 수 있다	
32	나는 나의 불행은 다른 사람의 잘못 때문이라고 생각한다	
33	나는 더 나은 삶을 위해서 나 자신이 변화되어야 한다고 믿는다	
34	나는 다른 사람들이 내가 원하는 것을 우선 충족시켜주기를 바란다	
35	나는 다른 사람들만큼 일을 잘할 수 있다	
36	나는 배우자 또는 자녀들이 내가 생각하는 모습과 비슷해지기를 바란다	
37	나는 나 자신에 대해 대체로 만족한다	
38	나는 모든 것들이 검지 않으면 희다고 생각한다	
39	나는 상황이나 감정에 지배를 많이 받지 않는다	
40	나는 과거에 잘못한 것이 많아 미래도 잘 안 될 것 같다는 생각이 든다	

41	나는 자주 우울하다	
42	나는 내가 여성(남성)인 것에 만족하지 않는다	
43	나는 자주 실패감에 빠지곤 한다	
44	나는 자랑할 만한 것들이 별로 없다고 생각한다	
45	나는 감정이 쉽게 상한다	
46	나는 걱정을 많이 한다	
47	나는 평소에 많이 긴장한다	
48	나는 중요한 인물과의 교분을 통해 나의 가치를 추구한다	

출처 – 사티어 의사소통 프로그램; 김영애 가족치료연구소

채점방법

1. 역 채점 문항: 3, 6, 9, 12, 15, 18, 21, 23, 25, 27, 29, 31, 33, 35, 37, 39는 역 채점 문항으로, 1점→5점, 2점→4점, 3점→3점, 4점→2점, 5점→1점으로 환산한다.

2. 일반 문항의 점수와 역 채점 문항 환산점수를 더하여 총점을 계산한다.

3. 이 검사는 자기 보고식이기 때문에 주관적 점수라는 점에 유의해야 한다.
   자기통찰이 부족한 경우나, 자기가 되고 싶은 모습이 자기 모습이라고 믿는 경우의 점수는 의미가 적다.
   자기통찰을 한 후의 점수가 처음 검사보다 오히려 점수가 낮게 나오는 경우가 있다.

4. 자존감 수준 평가하기
   - **90점 이하** 낮은 자존감
   - **91~120점** 조금 낮은 자존감
   - **121~180점** 보통 정도의 자존감
   - **181점 이상** 높은 자존감

자존심은 누군가와 비교하며 우월함을 인정받고 싶은 마음이에요.
열등감이라는 부작용이 생기지요.
자존감은 자신의 고유한 가치에 관심을 갖는 일이에요.
자존감이 높으면 내가 나를 좋아하게 된답니다.
나를 좋아하는 이유 10가지만 써보세요.

하나.

둘.

셋.

넷.

다섯.

여섯.

일곱.

여덟.

아홉.

열.

당신은 자라면서 어떤 역할을 하며 살았나요?

1. 가족의 문제를 책임지고 자기 잘못으로 돌리는 희생양 역할?

2. 문제를 일으켜서 관심을 끌거나 다른 문제를 묻어버리는 문제아 역할?

3. 부모가 역할을 제대로 하지 못해 대신 동생을 돌보는 어린 부모 역할?

4. 부모가 서로에게 배우자로서의 역할을 다하지 못하니
아이가 대신하는 대리 배우자 역할?

5. 아니면 분명히 존재하지만 마치 없는 아이로 취급받는 잃어버린 아이 역할?
혹은 늘 양보하거나 힘든 일을 도맡아 하는 순교자 역할?

어린아이가 이런 역할을 하며 살았으니 얼마나 힘들고 외롭고 슬펐을까요?
이제 그 아이를 도닥여주고 보살펴주어야 해요.
두 팔로 내 몸을 감싸고 위로해주세요.

"너, 어떻게 견디고 살았니.
정말 힘들었지. 고생 많았어."

나를 위해 아주 특별한 인형 하나를 마련해요.
'어린 나'라고 생각하고 하루에 한 번씩 만나요.
그 인형에게 하고 싶은 말을 써보세요.

오늘은 내가 나에게 편지 쓰는 날이에요.

OOO아, 안녕? 잘 지내니?

나는 지금까지 무엇을 성취했나요?

아주 작은 것이라도 좋으니 모두 다 찾아내서
빽빽하게 써보세요.

고통이 있음을 알아주기만 해도 전혀 다른 모습, 다른 의미가 된다.
– 《오제은 교수의 자기 사랑 노트》(오제은 지음, 샨티) 중에서

내 마음속 고통을 털어놓아요.
내 마음속에 그런 애들이 있다는 사실을 나 스스로 알아주기만 해도 된답니다.

나를 위한 목록 만들기

번호	나를 위해 해주고 싶은 일
1	
2	
3	
4	
5	
6	
7	
8	
9	
10	

세상에서 가장 소중한 '나'를 위한 시간을 가져보아요.
나를 위해 해주고 싶은 일을 계획해보세요.

이유	언제? (구체적으로)

평생 고치고 싶었지만 고쳐지지 않는 점이 있나요?

고치라고 말하는 거 아니에요.
수십 년 동안 데리고 함께 살았는데 웬만하면 이제 그냥 받아들이면 어떨까요?
그 친구와 함께 잘 살 수 있는 방법을 생각해보세요.

마음에 드는 색으로 칠해보세요.

나! 이런 사람이야! 라고 소리 내어 말해보세요.

나, 알뜰하게 살림 잘하는 사람이야.

나, 하루 종일 애들이랑 자전거를 타도 쌩쌩한 사람이야.

나, 아들만 셋 키우는 사람이야.

나,

나,

나,

나,

나,

당신은 행복을 추구할 권리를 누리고 있나요?

헌법 제2장 제10조
모든 국민은 인간으로서의 존엄과 가치를 가지며,
행복을 추구할 권리를 가진다.

당신은 헌법에서 보장된 인간으로서의 존엄과 가치를 누리고 살고 있나요?
어떤 권리를 누리고 어떤 행복을 추구하고 있나요?
얼마나 잘 누리고 살고 있나요?

Chapter **2**

아이를 돌아보는 시간

"엄마를 보면 마음에서
하트가 나와요."

"난 엄마가 너무 좋아.
세상에서 제일 좋아."

아이의 한마디에 감동과 행복이 가슴을 가득 채웁니다.
아이가 한 말 중 나를 행복하게 하는 말을 모두 다 써보세요.

엄마에겐 아이를 키우는 특별한 행복이 있어요.
당신의 아이 키우는 행복은 모두 몇 가지인가요?

아이가 자주 하는 말과 행동은 무엇인가요?
기억나는 대로 모두 다 기록해보세요.

오늘 아이에게 물어봐주세요.
아이 말을 그대로 받아써 보세요.

질문만 해도 아이는 생각하고 새로운 계획을 세우기 시작합니다.
엄마 아빠는 맞장구치고 지지해주기만 하면 됩니다.
그럼 아이는 더 다양한 생각을 키우게 되지요.

네가 좋아하는 것은?

_____

_____

_____

재미있는 것은?

_____

_____

_____

끝까지 해내고 싶은 것은?

_____

_____

_____

좀 더 하고 싶은 것은?

_____

_____

_____

실패하면 정말 많이 속상한 것은?

_____

_____

_____

진짜 잘하고 싶은 것은?

_____

_____

_____

우리 아이는 어떤 경우에 칭찬을 받나요?
칭찬해 주는 엄마의 말과 행동을 한번 적어 보세요.
혹시, 조금 다르게 한다면 어떤 말을 해주고 싶나요?

우리 아이는 1주일에 몇 번쯤 야단을 맞을까요?
야단칠 때 엄마는 어떤 말과 행동을 사용하나요?
이건 꼭 한번 적어 보셔야 해요. 적고 나서 드는 생각들을 놓치지 마시기 바래요.

사랑하는 우리 아이의 평소 정서 상태는 어떤가요?

잘 웃나요?
짜증을 잘 내나요?
자주 떼쓰고 우나요?
그 이유가 뭘까요?

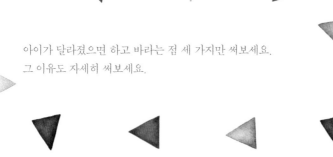

아이가 달라졌으면 하고 바라는 점 세 가지만 써보세요.
그 이유도 자세히 써보세요.

하나.

_____

_____

_____

_____

둘.

_____

_____

_____

셋.

_____

_____

_____

_____

우리 아이가 유치원(학교)에서 어려워하는 점은 무엇인가요?
아는 대로 모두 다 써주세요.

아이의 모든 행동에는 이유가 있다.

— 노경선, 정신의학과 교수

그러니 이유가 있다는 걸 믿고 물어봐줘야겠죠.
오늘 아이의 이해되지 않는 행동에 대해 이렇게 물어보세요.
"네가 그렇게 한 건 이유가 있을 거야. 엄마한테 말해줄 수 있겠니?"
아이에게 묻고 싶은 질문 5가지만 적어보세요.

하나.

둘.

셋.

넷.

다섯.

아이가 언제 무엇을 할 때 가장 즐거워하나요?
반대로 가장 싫어하는 건요?

엄마가 해주는 음식 중에 아이가 좋아하는 음식은 어떤 음식인가요?
반대로 싫어하는 건요?

아이가 짜증 내고 있을 때 어떻게 하면 좋을까요?

그건 엄마가 잠시 멈추라는 신호예요. 멈추고
아이에게 무엇이 필요한지 한번 물어보세요.
지금 아이에게 뭐가 필요할까요?

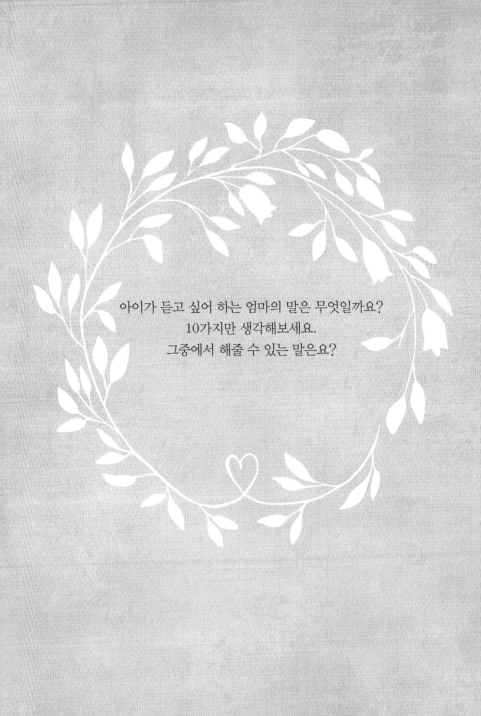

아이가 듣고 싶어 하는 엄마의 말은 무엇일까요?
10가지만 생각해보세요.
그중에서 해줄 수 있는 말은요?

앞의 10가지 말을 사용해보고 아이의 반응을 살펴서 자세히 적어보세요.
아주 작은 변화라도 느껴지는 대로 써보세요.

프로이트 *Freud*

태어나서 다섯 살까지의 경험이 성격 형성에 결정적 영향을 미친다.

에릭슨 *Erikson*

유아기는 기본적 신뢰감, 자율성, 주도성을 형성하는 데 결정적 시기이다.

피아제 *Piaget*

유아기는 감각, 운동적 사고를 획득하는 데 결정적 시기이다.

아들러 *Adler*

열등감과 우월함에 관한 모든 문제는 아이가 학교에 들어가기 전
가정에서 보낸 삶에서 비롯된다. 학교에 가서 문제가 생기는 아이는 없다.
다만 이전에 갖고 있던 문제가 드러나는 것뿐이다.

우리 아이에게 이미 형성되고 있는 성격 특징이 있을 거예요.
느껴지는 대로 한번 정리해보세요.

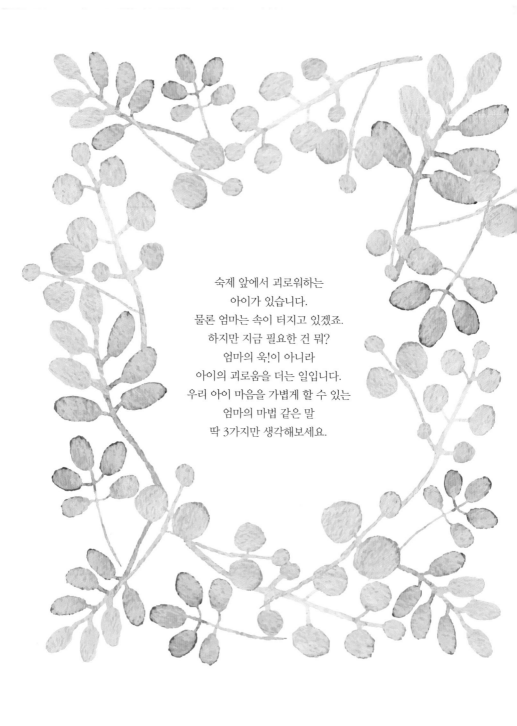

숙제 앞에서 괴로워하는
아이가 있습니다.
물론 엄마는 속이 터지고 있겠죠.
하지만 지금 필요한 건 뭐?
엄마의 욱!이 아니라
아이의 괴로움을 더는 일입니다.
우리 아이 마음을 가볍게 할 수 있는
엄마의 마법 같은 말
딱 3가지만 생각해보세요.

하나.

둘.

셋.

아이야, 미안해.
너와 더 많이 놀지 못해서 미안해.
네가 더 많이 웃게 해주지 못해서 미안해.
손가락 걸며 했던 많은 약속을 지키지 않아서 미안해.
행복하게 너를 키울 수 있다는 걸 알지 못해서 미안해.
네가 살 크고 싶었다는 걸 몰라서 미안해.
네가 잘하고 싶은 아이라는 걸 몰라서 미안해.
네 속에 그토록 많은 씨앗이 있다는 걸 몰라서 미안해.
너를 온전히 믿지 못해서 미안해.
엄마의 가치관을 강요해서 미안해.
네가 느낄 수 있는 사랑을 주지 못해서 미안해.

아이에게 가장 미안했던 순간 5가지를 기억해서 써보세요.

Happy
Mother's
Day

하나.
_____

_____

둘.
_____

_____

셋.
_____

_____

넷.
_____

_____

다섯.
_____

_____

_____

_____

아이가 그림을 그리고 색종이를 접고 숙제를 해요.
그때, 엄마는 아이의 어느 부분을 보나요?
당연히 아이가 만들어내는 결과물이겠죠.
그런데 아이 표정은 보셨나요?
얼마나 눈이 반짝이는지, 고사리 같은 두 손에 힘을 주고 있는지,
입을 앙다물고 얼마나 열심히 하려 애쓰는지,
그걸 보면 결과물이 아무리 미숙해도 화가 나지 않을 거예요.

마음에 드는 색으로 칠해보세요.

아이의 행동 중에 수용할 수 있는 것과
수용할 수 없는 것을 구분해보세요.

참, 수용할 수 있다는 건, 잘하는 것만 말하는 게 아니에요.
웬만한 것, 그냥 눈감아줄 수 있는 것 모두 포함이에요.

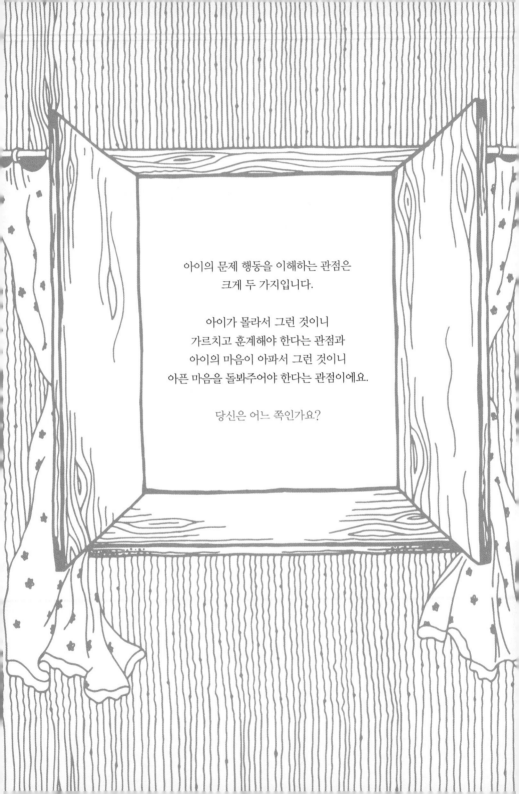

아이의 문제 행동을 이해하는 관점은
크게 두 가지입니다.

아이가 몰라서 그런 것이니
가르치고 훈계해야 한다는 관점과
아이의 마음이 아파서 그런 것이니
아픈 마음을 돌봐주어야 한다는 관점이에요.

당신은 어느 쪽인가요?

my

little

one

아이는 문제가 있는 것이 아니다.
새롭게 배워야 할 스킬이 있는 것이다.

− 벤 푸르만, 핀란드 정신의학자

우리 아이가 배워야 할 스킬이 좀 많긴 할 거예요.
앞으로 배우기를 바라는 스킬이 뭔지 한번 정리해보세요.

엄마는 혼자만의 시간이 필요할 때조차 엄마 역할을 해야 하지요.
그럴 땐 말하지 않아도 됩니다.
다만, 아이에게 지금은 말하고 싶지 않다고 말해주세요.
한 시간 후, 혹은 시곗바늘이 어떤 숫자를 가리킬 때
다시 말 걸어도 된다는 말은 꼭 해주세요.
그리고 충분한 침묵의 시간을 갖기 바랍니다.

당신은 아이의 의논 상대자로 고용되어 있습니까?

− 토머스 고든, 미국 임상심리학자

"몰라요. 그냥요. 됐어요."
아이가 점점 이렇게 말한다면
더 이상 엄마에게 의논하지 않겠다는
의미일 수 있어요.
혹시 의논 상대자에서 해고되셨다면
다시 재고용될 수 있는 방법을 연구해야 해요.
어떻게 하면 아이가 다시 엄마를
의논 상대자로 고용해줄까요?

You are my SUNSHINE

어떤 말은 아이를 위로하고 힘을 주고,
어떤 말은 아이를 외롭고 슬프게 하고 좌절하게 만듭니다.
오늘 아이에게 한 말을 떠올려보세요.
성장의 힘이 발휘되었나요? 아니면 마음속 씨앗이 파괴되었나요?
아이에게 했던 말 중에 마음에 걸리는 말이 있으면
바꾸어서 다시 써보면 어떨까요?
내뱉은 말 때문에 엄마 마음이 더 아플 테니
엄마를 위해서도 꼭 필요하답니다.

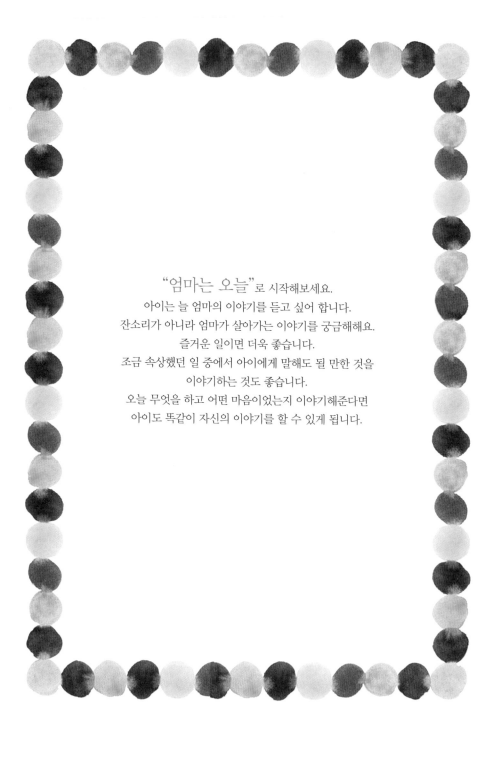

"엄마는 오늘"로 시작해보세요.
아이는 늘 엄마의 이야기를 듣고 싶어 합니다.
잔소리가 아니라 엄마가 살아가는 이야기를 궁금해해요.
즐거운 일이면 더욱 좋습니다.
조금 속상했던 일 중에서 아이에게 말해도 될 만한 것을
이야기하는 것도 좋습니다.
오늘 무엇을 하고 어떤 마음이었는지 이야기해준다면
아이도 똑같이 자신의 이야기를 할 수 있게 됩니다.

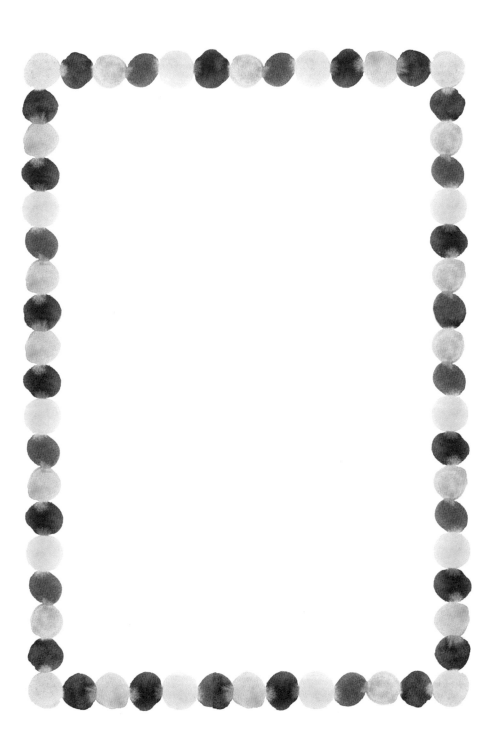

아무리 문제 행동이 심각한 아이라도
아이가 전하는 메시지는 매우 단순합니다.
'엄마, 나에게 관심과 사랑을 표현해주세요.
나도 잘하고 싶어요. 저 좀 도와주세요'라는
암시를 다양한 문제 행동을 통해 전달하고 있는 것입니다.
오늘 우리 아이가
엄마에게 보내는 메시지는 무엇인가요?

그 암호를 해독해보시면 좋겠어요.

암호	해독
숙제하기 싫어요.	숙제가 어려워요. 힘들어요. 너무 많아요.

제가 사람들을 괴롭히는 행동을 한 이유는,
견디기 어렵거나 불안하거나 공포감에 휩싸였기 때문입니다.

– 템플 그랜딘, 콜로라도주립대학 동물학과 교수

자폐증인 그녀의 말이 아이들의 마음을 제대로 표현해주는 것 같아요.
아무리 문제 행동이 심해도 그건
아이가 견디기 어렵고 불안하거나 공포감에 휩싸였기 때문일 거예요.
아이가 문제를 일으켰을 때 한번 아이의 마음을 살펴보세요.

긍정적 의도를 끌어내는 것이 아이를 구체적으로 변화시킨다.
긍정적 의도를 끌어내는 것으로 성취할 수 없는 것은
어떤 방법으로도 성취하기 어렵다.

– 고든 뉴펠트, 캐나다의 발달심리학자

다음 행동에서 아이의 긍정적 의도는 무엇일까요?
빈칸에 아이의 행동을 쓰고 긍정적 의도를 짐작해보세요.
잘 생각이 나지 않으면 주변 사람들에게 물어보시면 좋아요.

양육	해독
10분이면 끝날 숙제를 1시간째 붙들고 있다.	끝까지 혼자 힘으로 하려고 한다.
놀이 규칙을 자주 어긴다.	이기고 싶어 한다.
학원에 30분이나 지각했다고 한다.	늦어도 간다.

엄마인 당신에게는 아주 특별한 권리가 있습니다.
이제 그 권리를 맘껏 누리시면 좋겠어요.
당신이 누릴 수 있는 권리들을 더 찾아보세요.

아이의 포동포동한 엉굴에 뽀뽀할 권리

아이와 뺨을 부비며 행복하게 웃을 권리

아이 손을 잡고 짝짜꿍하며 놀 권리

예쁜 엉덩이를 토닥이며 사랑한다고 말할 권리

아이가 가장 좋아하는 부모의 행동은 무엇인가요?

아이가 엄마 말을 잘 들어주기 바란다면 대화의 첫 단추를 잘 채우는 것이 중요해요.
아이와 대화를 시작하는 말을 더 많이 만들어보세요.

"너랑 이야기하고 싶어."

"궁금한 게 있어."

"기분이 좋아 보이네."

"하고 싶은 말이 있는 것 같은데?"

"뭔가 불편해 보이네."

이제 더 이상 아이에게 하면 안 될 것 같은 말이 있을 거예요.
그게 뭔지 한번 적어볼까요?

"성적이 몇 점이니? 친구는 몇 점이니?
100점 받은 사람이 모두 몇 명이야?
왜 이렇게 못했어? 왜 틀렸니?"

엄마는 아이에게 가장 특별한 사람이에요.
아마 아이 마음을 움직이는 아주 특별한 전문용어가 하나 이상 있을 거예요.
그 말은 어떤 말인가요?

사과할까요?
고백할까요?

우리는 종종 사과할지, 고백할지 고민하는 경우가 참 많은 것 같아요.
그중에서두 욱해서 아이를 혼냈다면 더더욱 그렇죠.
심하게 혼낸 거 미안하다 사과하고,
그럴 수밖에 없는 엄마의 심정을 고백하는 편지를 써보세요.
우리 아이는 엄마를 너무 사랑하니 사과와 고백만 하면 얼마든지 다시 용서하고
그 예쁜 미소를 엄마에게 날려줄 거랍니다.

아이 얼굴을 바라보며 주문을 걸어보세요.
엄마 말을 아이도 따라 하도록 이끌어주세요.

"참 멋지구나. 오늘도 잘할 거야.
난 정직한 사람이야. 난⋯⋯."

엄마와 함께 아침에
기분 좋게 스스로 칭찬하고 집을 나선 아이들은
하루 종일 즐겁고 의미 있는 하루를 만들어갑니다.
이렇게 자성예언을 하면
자신의 바람대로 이루어질 확률이
내우 높아진나고 해요.

1. 나는 멋있고 좋은 사람이다.
2. 나는 내 인생의 주인공이다.
3. 나는 정직하다.
4. 나는 부지런하다.
5. 나는 겸손하다.
6. 나는 예의 바르고 단정하다.
7. 나는 무엇이든 끝까지 열심히 한다.
8. 나는 약속을 잘 지킨다.
9. 나는 언제나 밝게 웃는다.
10. 나는 결과에 집착하지 않고 과정에 최선을 다한다.

나는 고기를 잡아주는 부모가 되고 싶은가요?
나는 고기 잡는 법을 가르쳐주는 부모가 되고 싶은가요?
나는 고기 잡는 법을 스스로 깨달을 수 있도록 도와주는 부모가 되고 싶은가요?

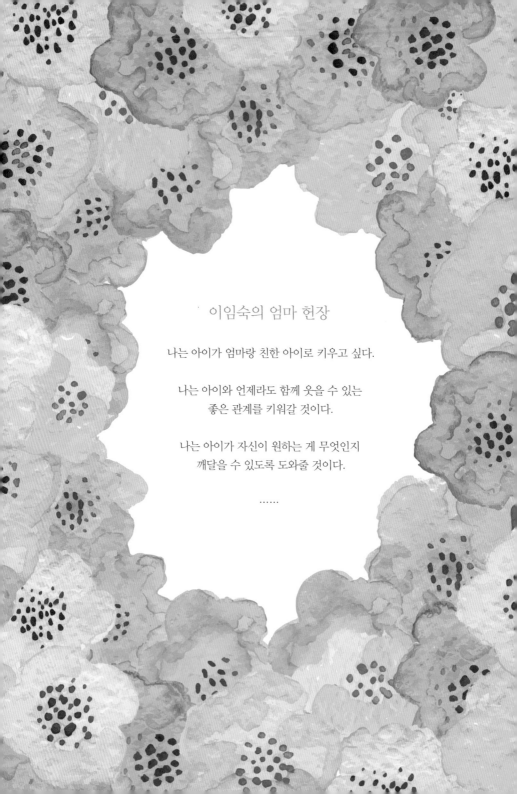

이임숙의 엄마 헌장

나는 아이가 엄마랑 친한 아이로 키우고 싶다.

나는 아이와 언제라도 함께 웃을 수 있는
좋은 관계를 키워갈 것이다.

나는 아이가 자신이 원하는 게 무엇인지
깨달을 수 있도록 도와줄 것이다.

......

어떤 엄마가 되고 싶었나요?
당신만의 엄마 헌장을 적어보세요.

A TRUE STORY

BEST MOM
IN THE
world

아이를 잘 키우는
엄마들의 특별한 비법

① 엄마가 화를 덜 낸다.

② 자주 혼내지 않는다.

③ 스킨십을 잘한다.

④ 부드럽고, 잘 웃는다.

⑤ 칭찬을 많이 해준다.

⑥ 아이를 믿는다.

⑦ 일일이 참견하지 않고 기다려준다.

⑧ 책을 잘 읽어준다.

⑨ 아이와 대화를 많이 한다.

⑩ 많이 놀게 하거나 잘 놀아준다.

Chapter **3**

관계를 헤아리는 시간

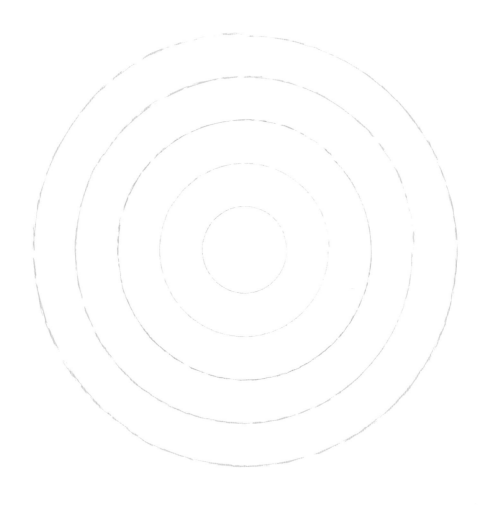

맨 안쪽에 내 이름을 써넣으세요.
소중하고 가깝게 느껴지는 사람의 위치를 동그라미로 표시하고 이름을 써주세요.
왜 그들이 나에게 소중한 사람인지 이유도 적어보세요.

내가 종종 행복하지 않은 건 누구 책임일까요?

_____

_____

_____

_____

_____

_____

_____

_____

_____

_____

_____

_____

_____

_____

_____

_____

_____

_____

사람 얼굴에 눈이 2개, 귀 2개, 코 1개, 입이 1개 있는 이유는?

2번 보고, 2번 듣고, 1번 그 사람의 향기를 맡고, 1번 말하는 거래요.
오늘 아이에게서 본 것 2가지, 들은 것 2가지, 아이가 내뿜는 향기,
그걸 모두 잘 적어보세요.
그리고 한 번 소리 내어 읽어보세요.
그런 다음 아이에게 하고 싶은 말 1가지를 말해주세요.

남편에게 웃으며 말하는 건 하루에 몇 번인지요?
예전에는? 요즘은? 그 차이가 무엇일까요?

남편과의 포옹이나 스킨십은 하루에 몇 번인가요?
예전에는? 요즘은? 그 차이가 무엇일까요?

남편을 위해 뭔가를 하지 마세요.
관계를 키운다는 생각으로 하셨으면 좋겠어요.
어떻게 하면 관계가 건강하게 자랄까요?
관계를 키우기 위해 할 수 있는 것을 생각나는 대로 써보세요.

두 사람 사이에 문제가 발생했어요.
누가 더 문제인지 가리다간 관계가 더 나빠지겠죠.
나와 너 사이의 관계를 돌보는 관점에서 문제를 해결해보세요.

"난 너와 관계가 나빠지고 싶지 않아.
너와의 관계를 소중하게 잘 가꾸고 싶어."

이렇게 시작해볼까요?

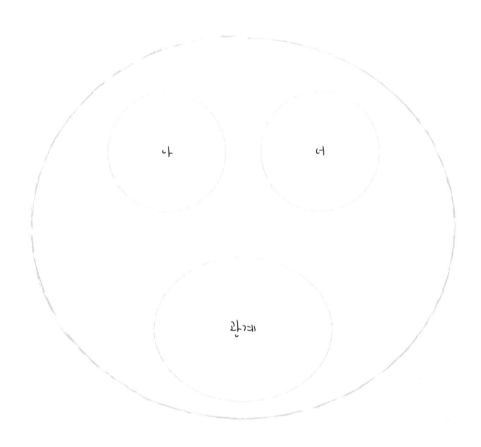

현실치료의 창시자 윌리엄 글라서의 문제해결원(Solving Circle)

혹시 나의 경계를 침범해 오는 사람이 있지 않나요?
그들을 떠올려 보세요. 관계에는 나름대로의 안전거리가 필요해요.
각각의 사람들과 심리적 안전거리가 얼마만큼 필요한지
글과 그림으로 표현해 보세요.

만약 내가 당분간 멀리 다녀와야 된다면
믿고 우리 아이를 부탁할 수 있는 사람이 있나요?
내가 믿고 존경하는 사람은 누구인가요?
모두 다 찾아보고 이유도 함께 써보세요.

관계가 족쇄로 느껴질 때도 있었을 거예요.
누군가의 반대 때문에 하고 싶었지만 못 한 게 있을 거예요.
그게 뭔지 꽁꽁 묶어놓았던 보따리를 한번 풀어놓으면 좋겠어요.

혼자 카페에 앉아 책을 본 적 있나요?
식당에서 혼자 밥 먹기도 괜찮은가요?
요즘 젊은 사람들 혼자 카페에 앉아 있는 모습 어때요?
혹시 당신도 그렇게 할 수 있나요?
친구 없이 혼자 카페에 앉아서 그 느낌을 글로 써보세요.

매력적인 입술을 갖고 싶으면
친절한 말을 하라.
사랑스러운 눈을 갖고 싶으면
사람들에게서 좋은 점을 봐라.

– 샘 레벤슨

친절하게 말하고, 좋은 점을 보는 건 그들을 위한 것만이 아니에요.
가장 먼저 나 자신을 위하는 일이에요.
오늘 소중한 사람들에게 해줄 친절한 말 한마디, 좋은 점 한 가지씩 찾아보세요.

만약 당신의 눈물이 목소리를 가졌다면
그것이 말하고자 하는 것은 무엇인가요?

– 어빈 얄롬

'나한테 어떻게 이럴 수가 있지?'라는 생각이 든 적 있지요?
분명 그 사람이 잘못한 거 맞아요.
그런데 잠깐, 당신이 해준 거 그 사람이 원한 거 맞아요?
혼자 해주고 싶어서 너무 많이 해준 건 아닌가요?
그렇다면 어쩌면 그 사람도 숨 막혔을 수 있어요.
너무 많이 애쓴 건 아닌지 점검할 필요가 있어요.

훌륭한 사람과 그렇지 않은 사람의 차이는
실수를 범하는 데 있는 것이 아니라
그 실수를 어떻게 처리하는가에 있다.

– 도널드 위니콧

살면서 실수한 거 모두 털어보자고요.
그리고 이 실수들을 어떻게 처리하면 좋을지 생각해보세요.

그 사람의 신발을 신고 1마일(약 1.6㎞)을 걸어보기 전까지는
그 사람을 판단하지 말라.

– 인디언 속담

다른 이의 신발을 신고 하루를 살아보는 상상을 해보세요.
그 사람은 어떤 느낌, 어떤 생각으로 하루를 살았을까요?

문간에 발 들여놓기(Foot in the door technique) 아세요?

작은 부탁을 들어주기 시작하면 큰 부탁도 더 쉽게 들어주는 경향을 말해요.

힘든 일이 있을 때는 부탁을 해야 해요. 부탁하기 어렵다면 이 기법을 사용해보세요.

자, 지금부터 부지런히 발 들여놓고 싶은 문간이 어디인지 한번 써보세요.

얼굴 들이밀기 기법(Door in the face technique)도 있어요.

아이가 열심히 공부하는 모습을 보고 싶다면 이런 방법도 좋아요.
10문제 풀기를 원한다면 조금씩 늘려가는 방법은 별로 효과가 없어요.
차라리 처음엔 100문제를 풀라고 해보세요. 아이가 놀라며 못 하겠다고 한다면
"그래 100문제는 너무 많아"라며 양보하는 자세로 10문제는 어떤지 물어보세요.
아마 기꺼이 자발적으로 공부하기 시작할 거예요.
이렇게 밀당의 기술이 필요한 부분이 또 어디인지 생각해보세요.

사람 관계에서 물질적 보상을 주는 건 하지 말아요.
물질에만 길들여지게 되니까요. 심리적 보상을 해보면 어떨까요?
아이가 좋아하는 놀이 한 가지, 함께 자전거 타기, 좋아하는 친구 초대하기 등등.
가족을 위한 심리적 보상 방법을 더 많이 떠올려보세요.

"여러분을 더욱 높이 올려줄 사람만을
가까이하세요."

– 오프라 윈프리

만약 이 말을 그대로 실천한다면 내가 계속 가까이할 사람은 누구인가요?
만약 나에게 소중한 사람들이 이 말 그대로 실천한다면
나를 계속 가까이해줄 사람은 누구인가요?

인간관계는 난로처럼 대해야 한대요.
너무 가깝지도, 너무 멀지도 않게.
혹시 누구에게 너무 가까이 간 건 아닌가요?
너무 멀리 가버린 사람은요?

아이에게 엄마 아빠는
어떤 모습으로 비치고 있을 거라 생각되나요?
엄마 아빠의 관계는요? 글로 쓰거나 그림으로 그려보세요.

'내가 하는 게 다 그렇지 뭐. 난 왜 제대로 할 줄 아는 게 없는 거야!'
혹시 이렇게 내가 나를 비난하고 있다면 멈추었으면 좋겠어요.
그건 진짜 내가 나에게 하는 말이 아니에요.
세상 사람들이 나에게 비난했던 말들,
특히 부모님의 아픈 말이 '내면의 비판자'가 되어 나를 괴롭히는 거니까요.
나를 괴롭히는 내면의 목소리를 다 찾아내야 해요.
그래야 그런 말이 들려도 당당하게 "뭐 어때서!"라고 외칠 수 있어요.

마음에 드는 색으로 칠해보세요.

요즘 내가 남편과 아이에게 하는 말, 어디서 많이 들어본 말 아닌가요?
아마 내가 어릴 적부터 들었던, 아주 싫어했던 말일 거예요.
그토록 싫었던 말들을
내가 가장 사랑하는 사람들에게 쏟아내고 있다면 멈추어야 해요.
이제 진짜 나의 말을 하나씩 찾아보아요.
소중한 남편에게 진짜 하고 싶은 말, 사랑하는 아이에게 정말 들려주고 싶은 말을요.

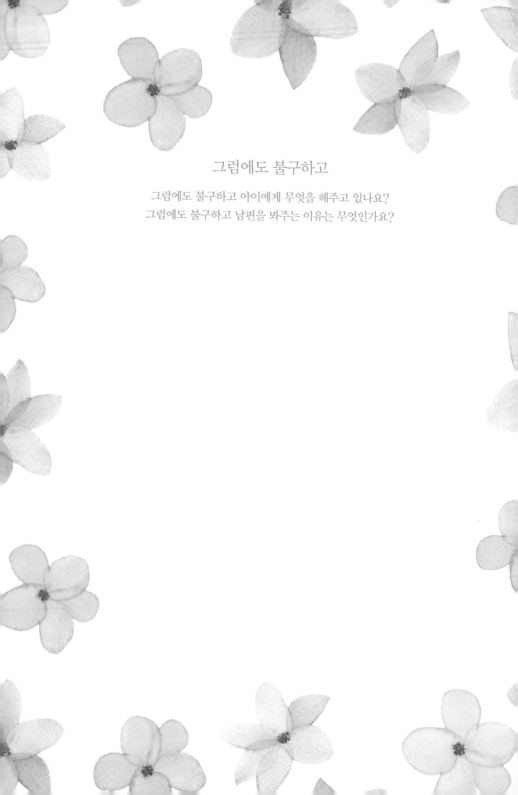

그럼에도 불구하고

그럼에도 불구하고 아이에게 무엇을 해주고 있나요?
그럼에도 불구하고 남편을 봐주는 이유는 무엇인가요?

'때문에'와 '덕분에'

사는 거 힘들죠? 무엇 '때문에' 힘든가요?
그래도 잘 버티며 사시네요. 대단하세요.
무엇 '덕분에' 버틸 수 있나요?

"여보, 빨리 밥 줘요."
피곳 씨는 아침마다 외쳤습니다.
그러고는 아주 중요한 회사로 횡하니 가버렸습니다.

"엄마, 빨리 밥 줘요."
사이먼과 패트릭도 외쳤습니다.
그러고는 아주 중요한 학교로 횡하니 가버렸습니다.

― 《돼지책》(앤서니 브라운 지음. 웅진주니어) 중에서

우리 가족은 어떤 가족인가요?
아침마다 나와 가족들이 외치는 소리를 그대로 한번 옮겨보세요.

왜 남편의 가사일 실력은
세월이 흘러도 하나도 나아지지 않을까요?
앞으로 나아지길 바란다면 내가 어떻게 해야 할까요?
근데 혹시 좀 나아지고 있거나
잘하고 있다고 생각되는 것은 뭔가요?
그 비결을 말해보세요.

나를 막는 건 나뿐인 거 아세요?

엄마, 아내, 딸, 며느리 역할을 하다 보면 자신이 원하는 건 못 하고,
해야 하는 것만 하게 되지요. 남편이 싫어하니까.
부모님이 못 하게 하니까. 시간과 돈이 없으니까.
그렇다면 한 가지 질문이 필요해요.
"당신은 누군가 못 하게 하는 건 정말 안 하나요?"
아마 그렇지 않을 거예요.
그런데 정작 진짜 내가 원하는 걸 못 하고 있다면
그건 내가 스스로 막고 있는 것일 거예요.
나의 어떤 부분이 나를 막고 있는지 살펴보세요.

엄마라면 이렇게 해야 해!　　　　　　이걸 안 하면 어떻게 되지?

❶ _____　　　_____

❷ _____　　　_____

❸ _____　　　_____

아내라면 이렇게 해야 해!　　　　　　이걸 안 하면 어떻게 되지?

❶ _____　　　_____

❷ _____　　　_____

❸ _____　　　_____

1) 당신은 어디서 에너지를 얻나요? 언제 힘이 솟아나고 신이 나나요?

외향형	내향형
• 폭넓은 대인관계를 유지히고 사교적이며 • 적극적이고 활동적이다 • 외부에 관심이 많으며 • 말로 표현하는 능력이 좋다 • 경험한 다음에 이해한다	• 깊이 있는 소수의 대인관계를 유지하며 • 조용하고 신중하다 • 자기 내면에 집중하며 • 말보다 글로 잘 표현한다 • 이해한 다음에 경험하기를 원한다

2) 당신은 어떤 정보에 주의를 기울이고 중요하게 생각하나요?

감각형	직관형
• 오감에 의존해서 정보를 받아들인다 • 지금 현재에 초점을 맞춘다 • 사실적으로 사건을 묘사한다 • 정확하고 철저한 일 처리를 좋아한다 • 나무를 보는 경향이 강하다	• 육감이나 영감에 의존한다 • 미래지향적이고 가능성과 의미를 추구한다 • 신속하고 비약적인 일 처리를 잘한다 • 아이디어가 많다 • 숲을 보려는 경향이 강하다

3) 당신은 어떻게 판단하고 결정하나요? 머리로 생각하나요? 가슴으로 생각하나요?

사고형	감정형
• 진실과 사실에 주로 관심을 갖는다 • 사실에 대해 분석적이고 객관적으로, '맞다/틀리다'로 판단한다 • 규범을 중시하고 원리원칙을 중요시한다	• 사람과 관계에 주로 관심을 갖는다 • '좋다/싫다'로 판단하며 우호적으로 협조한다 • 의미와 영향에 관심이 많으며 나에게 주는 의미를 중시한다.

4) 당신은 어떤 생활방식을 좋아하나요? 계획적이고 체계적인 절차가 중요한가요? 아니면 상황에 따라 계획은 얼마든지 변할 수 있다고 생각하나요?

판단형	인식형
• 목적과 방향이 분명하다 • 기한을 엄수하고 철저히 사전 계획한다 • 체계적이고 정리정돈을 잘한다 • 통제와 조정을 잘한다	• 목적과 방향은 변화 가능하다 • 상황에 따라 일정이 달라질 수 있고 자율적이고 융통성이 있다 • 개방적이고 수용을 잘한다

출처 : 《성격유형과 자녀 양육태도》(한국심리검사연구소), 《성격유형과 학습스타일》(한국심리검사연구소)

속상한 일이 있어 친구들에게 한참 수다를 떨었지만,
가슴이 더 공허하고 괜히 말했다 싶으면 그건 아니에요.
당신이 얘기할 사람은 그 사람이 아니에요.
말하면 마음이 가벼워지고 개운해지는 사람,
바로 그 사람에게 말해야 해요.

그 사람이 누구인가요?
지금 그에게 무슨 말을 하고 싶나요?

거절을 못 한다고요?

아마 겁나서 그럴 거예요.
그 사람이 나를 싫다고 할까 봐.
그런데 딱 한 번만 해봐요.
아무 일 안 생겨요.
아주 짧은 순간 어색할 순 있지만 정말 아무 일 안 생겨요.
지금까지 거절하지 못해서 힘들었던 거 다 말해봐요.
그래도 걱정되면 어떤 말로 거절할지 미리 한번 연습해보세요.

다른 사람에게 요구해보세요.
원하는 걸 해달라거나, 부당한 걸 철회해달라거나,
만나고 싶은 사람에게 시간을 내달라거나, 궁금한 걸 알려달라고.
원하는 걸 얻기 위해서는 뭔가 해야 해요.
가만히 있으면 아무도 가져다주지 않으니까요.
요구하기 목록을 작성해보세요.

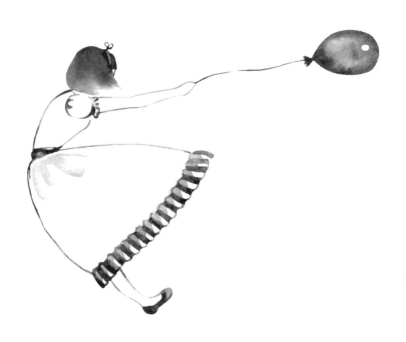

오늘 누가 내 뺨에 뽀뽀해주었나요?

아무도 안 해줬다고요?
세상에! 남편도 자식도 정말이지 혼 좀 나봐야겠어요.
이렇게 애쓰는 엄마에게 사랑 담긴 뽀뽀도 안 해주다니요.
하나부터 열까지 가르치지 않으면 할 줄 모르는 그들을
데리고 사느라 고생 많으세요.
그래도 아이들이 좀 더 나을 거예요.
기분 좋으면 안아주고 뽀뽀도 해주니까요.
아이들이 먼저 해주는 이유가 있어요.
그건 엄마가 먼저 수도 없이 많이 해주었기 때문이지요.
누군가의 뽀뽀와 포옹을 받고 싶다면
내가 먼저 해야 하는 건 만고의 진리인 것 같아요.
안아주고 다독여주고 싶은 사람 딱 세 명만 골라 이름을 써보세요.
그 이름 옆에 이유도 한번 써보시고요.

난
강아지한테도
밀려.

어떤 남편이 친구에게 하소연한 말이랍니다.
부인이 자기한테 관심 주지 않는다고 슬퍼하는 말이었어요.
마음이 짠해지네요.
그렇게 나의 사랑을 원한다면 까짓 거 관심 한번 제대로 줘볼까요?
요즘 남편의 마음에 필요한 것 딱 5개만 써보세요.
그 옆엔 내가 도와줄 수 있는 게 뭔지도 한번 써보고요.
이렇게 쓴다고 해서 꼭 행동으로 옮기라는 말은 아니에요.
마음이란 억지로 움직이는 게 아니니까요.
다만 써놓고 보니 마음이 짠해지고 혹시 해주고 싶은 게 생긴다면,
그땐 내 마음이 움직이는 대로 해보시면 좋겠어요.
잘해주고 싶은 마음이 들었는데 미운 감정 때문에 행동으로 옮기지 않는다면
더 괴로워지는 건 결국 나 자신이니까요.

다음 중에서 가고 싶은 곳을 골라보세요.

1 강에서 차 마시기

2 멋진 성에서 식사하기

3 바다에서 보트 타기

4 산에 오르기

고르셨나요?
그렇다면 중요한 질문이 있어요.
당신이 고른 그곳에 누구와 함께 가고 싶나요?
어쩌면 당신이 말한 그 사람은 당신이 사랑하는 사람,
소중한 사람, 편안한 사람일 거예요.
그곳에 가서 그 사람과 무슨 이야기를 나누고
어떤 시간을 보내고 싶은지 써보세요.
참, 가고 싶은 곳 5가지를 더 써보는 것도 좋겠어요.
이렇게 쓰기 시작하면
언젠가 꼭 마음먹고 떠날 수 있게 될 테니까요.

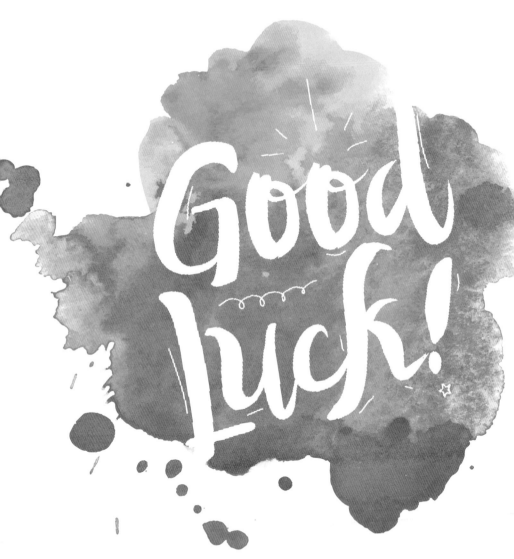

진지한 인간관계를 위해서는 관계를 맺을 뿐 아니라,
관계를 끊는 능력이 있어야 한다.
- 엘빈 토플러

혹시 관계를 끊고 싶은데 주변 시선 때문에, 좋은 게 좋은 거라서
그냥 참고 있는 경우는 없나요?
관계를 끊고 싶은 이유 10가지만 써보세요.
10가지를 채운다면 관계를 끊어도 될 것 같아요.
그래도 아주 멀리서 그의 행복을 빌어주는 아량 정도는 남겨주세요.

Chapter 4

미래를 상상하는 시간

내가 이별을 고한 것들

생각해보니 시간이 가면서 내가 이별을 고한 것들이 참 많았습니다.
젊은 시절 좋아했던 연예인, 미니스커트, 굽 높은 신발, 비키니, 줄넘기……
그런데 때가 되었지만 미련이 남아 아직 이별을 고하지 못한 것들도 있어요.
그건 뭘까요?

그래도 죽을 때까지 포기하고 싶지 않은 것이 있을 거예요.
나의 남은 삶 동안 계속 함께하고 싶은 것들은 무엇인가요?

지도만 보면 뭐해?
남들이 만들어놓은 지도에 네가 가고 싶은 곳이 있을 것 같니?
네가 가고 싶은 곳은 어디 나와 있는데?
넌 너만의 지도를 만들어야지.

– 루이스 캐롤

당신만의 지도를 그려보세요.
살면서 꼭 들르고 싶은 곳을 모두 지도에 표시해보세요.

'지식과 지혜'
무엇이 더 나를 행복하게 하나요?

십수 년간 학교를 다니면서 참 많은 지식을 배웠죠.
남아 있는 건 별로 없지만. 교육에 쏟아부은 돈이 아깝게 느껴질 정도로
학교에서 배운 지식만으로 살고 있지 않은 건 분명한 것 같아요.
오히려 부대끼는 일상에서 깨달은 지혜가 나의 삶을 이끌어가고 있는 것 같아요.
살면서 깨달은 나만의 지혜는 무엇인지 한번 정리해보아요.
지금 생각 안 나면 그냥 넘기시면 됩니다.
나중에 생각날 때 적으면 되니까요.

국을 맛있게 끓이는 지혜

청소를 효과적으로 하는 지혜

친구 마음을 위로하는 좋은 방법

가족과 함께 웃을 수 있는 지혜

아이를 깨울 때 지혜로운 방법

숙제를 시킬 때 지혜로운 방법

당신은 이미 아주 중요한 사실을 알고 있어요.
어떤 일이든 스스로 하겠다고 마음먹었을 때
가장 즐겁게 잘할 수 있다는 사실을.
요즘 내가 스스로 하겠다고 마음먹은 건 무엇인가요?

마음에 드는 색으로 칠해보세요.

아이가 문제 행동을 하는 것은 과거 때문이 아니라,
지금 바라는 목표가 있기 때문이다.
즉, 현재의 목표가 행동의 중요한 동기가 된다.
－알프레드 아들러

내가 짜증 내고 화가 자주 나는 건 지금 바라는 목표가 있기 때문이지요.
나의 목표, 내가 원하고 바라는 것이 무엇인지 써보세요.

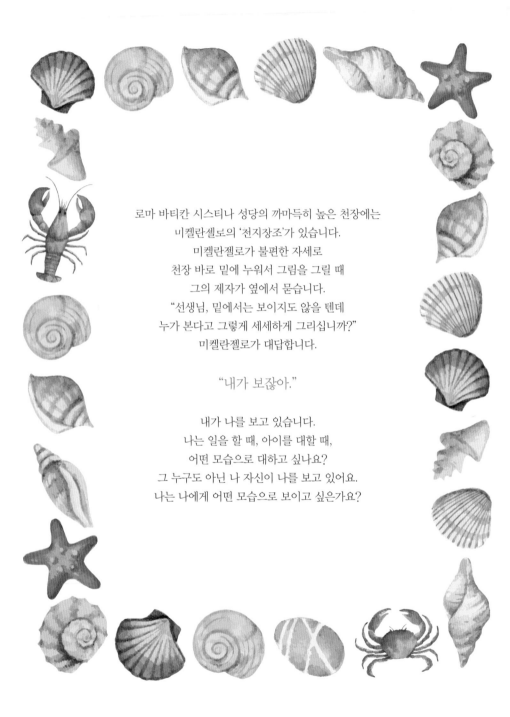

로마 바티칸 시스티나 성당의 까마득히 높은 천장에는
미켈란젤로의 '천지창조'가 있습니다.
미켈란젤로가 불편한 자세로
천장 바로 밑에 누워서 그림을 그릴 때
그의 제자가 옆에서 묻습니다.
"선생님, 밑에서는 보이지도 않을 텐데
누가 본다고 그렇게 세세하게 그리십니까?"
미켈란젤로가 대답합니다.

"내가 보잖아."

내가 나를 보고 있습니다.
나는 일을 할 때, 아이를 대할 때,
어떤 모습으로 대하고 싶나요?
그 누구도 아닌 나 자신이 나를 보고 있어요.
나는 나에게 어떤 모습으로 보이고 싶은가요?

"넌 나를 웃게 해."

드라마에 종종 나오는 표현이에요.

내가 웃게 해주고 싶은 사람 있나요? 나를 웃게 하는 사람은요?

그의 예쁜 미소와 맑은 웃음소리를 듣기 위한 계획을 세워보세요.

거짓말을 해야 하나?

(Must I lie?)

그럼 사람들 얼굴을 어떻게 마주할 수 있겠는가?

(How can I ever face my fellow men?)

나 자신을 어떻게 마주할 수 있겠는가?

(How can I ever face myself again?)

– 뮤지컬 〈레미제라블〉의 'Who Am I?' 중에서

가끔은 거짓말할까, 잠시 비겁해질까 망설이기도 합니다.
아무도 안 보면 유혹은 더 커지지요.
앞으로 사는 시간 동안은 내가 나를 마주하며 부끄럼 없었으면 좋겠습니다.
어떨 때 그런 유혹을 느끼나요?

진정한 행복은 물질적 풍요가 아니라 긍정적 사고에서 나오는 것이다.

－ 마틴 셀리그먼, 긍정심리학의 대가

내가 가진 긍정적 사고는 어떤 것이 있나요?
생각나는 대로 써보세요.

인간의 삶이 비참하고 혼란스러운 가장 큰 이유는
소유물이 곧 나 자신이라 착각하기 때문이다.

– 애덤 스미스

나의 미래를 위한 계획에는 내가 어떤 사람,
어떤 일을 하는 사람인지 생각해보면 좋겠어요.
소유물의 리스트가 어느 정도 필요하긴 하겠지만
그 자체가 곧 나 자신이 아니라는 사실을 잊지 말아야겠죠.
나는 어떤 일을 어떻게 하는 사람으로 살고 싶은가요?

가장 중요하지 않은 일 때문에
가장 중요한 일을 놓쳐서는 안 된다.

– 괴테

나의 성장과 발전을 위해 중요하다고 생각하는 일 5가지만 써보세요.
지금 당장 시작하기 어려우면 그 일을 쪼개서
오늘 할 수 있는 것이 무엇인지도 생각해보세요.

하나.
_____

_____

_____

둘.
_____

_____

_____

셋.
_____

_____

_____

넷.
_____

_____

_____

다섯.
_____

_____

_____

28년 동안 엄마들을 만나왔습니다.
처음 10년은 아이들의 공부를 가르치느라,
나중 18년은 아이들의 마음을 보살피느라
수천 명의 엄마들을 만났어요.
아이를 잘 키우고자 하는 엄마의 간절함은
누구나 절절하지만,
아이도 잘 키우며 성숙하고 멋있게 사는 사람들은
대부분 꿈이 있는 엄마들이었습니다.
지금은 당신은 어떤 꿈을 꾸고 있나요?

– 《꿈이 있는 엄마가 아이도 잘 키운다》(이임숙 지음, 팜파스) 중에서

다시 아이가 어린 시절로 돌아간다면,
하루 종일 아이와 눈을 맞추고,
아이의 몸을 어루만지며 시간을 보내고 싶다.
이야기도 들려주고,
밑천이 떨어지면 책도 읽어주련다.
미니 텃밭을 만들어 방울토마토가 커가는 모습을
아이와 함께 지켜보고 싶다.
빨갛게 익은 토마토를 상상하는 즐거움을 만끽하고 싶다.
아이가 표정으로 말하는 많은 말들을 다 이해하고
아이가 무엇을 바라보는지 함께 바라보고 싶다.
아이의 마음을 묻고 또 물어보며
아이가 만들어가는 길을 뒤에서 지켜주며 걸어가고 싶다.
그래야 아이가 더 잘 자란다는 것을 그때는 몰랐었다.

– 《엄마가 되기 전에 알았으면 좋았을 것들》(이임숙 지음, 무한) 중에서

5년 전으로 돌아간다면
아이와의 하루를 어떻게 보내고 싶은가요?

서른아홉이 되자 나이가 나에게 느닷없이 말을 걸어왔다.
이젠 그냥 주어지는 대로 나이를 먹지 말고
어떻게 나이를 먹을지 좀 생각해야 할 때가 아니냐고
나를 부추겼다.
나는 앞으로 10년쯤 더 나이 든 내 모습이
지금과는 달라야 한다는 오직 한 가지 결심으로
삶의 방식을 조금 바꿔보았다.
그리고 갑자기 전보다 몇 배나 바빠진 생활 때문에
밖의 나이도 내 안의 나이도 다 잊었다.

– 《나이 듦에 대하여》(박혜란 지음, 웅진지식하우스) 중에서

강은 알고 있어,
서두르지 않아도 언젠가는
도착하게 되리라는 것을.

– 앨런 알렉산더 밀른

10년 후 내가 꼭 이루고 싶은 것들을 써보세요.

꼭 이루어질 거예요!

1953년 미국 예일 대학교에서 졸업반 학생을 대상으로 한 특별 조사가 있었다. 질문의 내용은 "목표를 명확하게 써두고 있는가"인데, 학생들이 얼마나 확고한 삶의 목표를 가지고 있는지 알아보기 위한 것이었다. 조사 결과는 이렇다.

아무런 목표도 설정한 적이 없다. 67%

목표가 있으나 글로 적어두지 않았다. 30%

목표를 글로 적어두었다. 3%

20년이 지난 1973년, 사회에 진출한 이들을 대상으로 다시 조사를 했다. 그 결과, 자신의 목표를 글로 썼던 3%의 졸업생이 축적해놓은 재산이, 나머지 97%의 졸업생 전부가 축적한 것보다 훨씬 더 많았다. 더욱이 부자일 뿐만 아니라 건강하고 행복감도 훨씬 높은 것으로 조사되었다. 이들 간에는 학력, 재능, 지능 면에서 아무런 차이가 없었음에도 목표를 글로 썼느냐의 여부에 따라 재산, 소득, 사회적인 영향력의 격차가 무려 10배에서 20배 이상 차이가 났다는 사실은 글쓰기에 대해 깊이 고민하게 한다.

하버드 대학교의 연구 결과도 비슷했다. 80%의 학생은 특별한 목표가 없었고, 15%는 단지 생각만으로 목표를 가지고 있었으며, 나머지 5%는 글로 뚜렷하게 목표를 적었고 데드라인도 정해두었다. 그 5%의 학생이 이룬 성과를 보니 그들 스스로 정한 목표를 능가했을 뿐 아니라 전체적으로 보았을 때 나머지 95%를 합친 것보다 더 큰 성과를 이룬 것으로 나타났다.

– 《1%만 바꿔도 인생이 달라진다》(이민규 지음, 더난출판사) 중에서

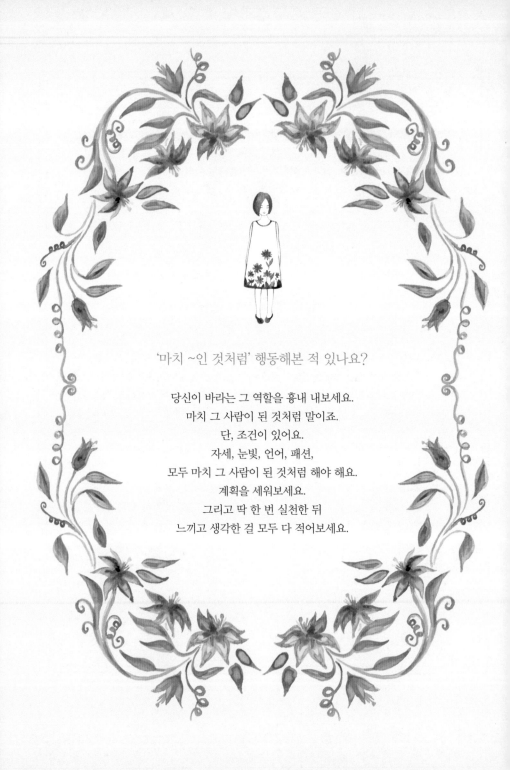

'마치 ~인 것처럼' 행동해본 적 있나요?

당신이 바라는 그 역할을 흉내 내보세요.
마치 그 사람이 된 것처럼 말이죠.
단, 조건이 있어요.
자세, 눈빛, 언어, 패션,
모두 마치 그 사람이 된 것처럼 해야 해요.
계획을 세워보세요.
그리고 딱 한 번 실천한 뒤
느끼고 생각한 걸 모두 다 적어보세요.

원하는 소원을 1만 번 말하면 현실로 이루어진다.

− 인디언 속담

우리 아이가 어떤 아이로 자라길 바라나요? 그렇다면 그 말을 1만 번 말해보세요.
단, 이미 이루어졌다고 생각하고 말해야 해요. 현명하고 지혜로운 아이가 되길 바란다
면 "우리 아인 현명하고 지혜로워"라고 말하는 거예요.

OO이는 자신감 있어.

OO이는 솔직한 아이야.

OO이는 웃는 모습이 참 예뻐.

이미 내가 잘하는 게 있어요. 크게 노력하지 않아도 잘하고,
조금만 노력하면 특별하게 잘하는 게 있지요.
그게 뭔가요? 최소한 20개 정도를 찾아보세요.
어쩌면 그 속에서 당신의 길을 찾을 수 있을 거예요.

하나.

둘.

셋.

넷.

다섯.

여섯.

일곱.

여덟.

아홉.

열.

열하나.

열둘.

열셋.

열네.

열다섯.

열여섯.

열일곱.

열여덟.

열아홉.

스물.

나는 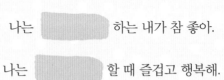 하는 내가 참 좋아.

나는 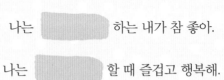 할 때 즐겁고 행복해.

빈칸에 들어갈 말을 찾아보세요.
이미 당신은 당신의 길을 가고 있다는 걸 알게 될 거예요.

당신의 롤모델은 누구인가요?

그에게서 무엇을 배우고 싶나요? 도움을 요청하고 싶기도 할 거예요.
두드리는 방법은 아주 쉬워요. 메일을 보내면 되지요.
같은 사람에게 세 번만 보내도 좋아요. 그럼 분명히 답장을 받을 수 있을 거예요.
메일 보낼 글을 미리 여기에 연습해보세요.

5년 후, 10년 후, 20년 후, 당신은 어떤 모습으로 살고 싶은가요?
당신이 원하는 미래의 모습을 글과 그림으로 표현해보세요.

나이가 들면 하고 싶은 게 있어도
"에이, 이 나이에 뭘 그런 걸"이라며
나 스스로 나를 막는 현상이 나타나는 것 같아요.
분명 한때 간절하게 바랐는데 그냥 묻어버리려는 게 있을 거예요.
이제 다시 한 번 꺼내서 반짝반짝 빛나게 닦아보세요.
다시 내 마음을 쿵쾅거리게 만들 거예요.

그들은 내가 아는 모든 것을 가르쳐주었다.
그들의 이름은 무엇, 왜, 언제, 어떻게, 어디서, 누가이다.

– 조지프 러디어드 키플링, 《정글북》의 작가

육하원칙대로 생각해보면 정말 구체적이고 실현 가능한 계획을 세울 수 있어요.
그들이 가르쳐주는 대로 원하는 걸 한번 적어보세요.

누가

언제

어디서

무엇을

어떻게

왜

피터팬이 말했어요.
"너에게는 꿈을 이룰 시간이 아직 충분히 있어."

동화일 뿐이라고요? 좋아요. 한번 동화 흉내 내보며 살아보면 어때요?
시간이 충분하다면 뭘 하고 싶은가요?
그걸 위한 첫걸음으로 해야 할 일을 한번 적어보세요.
아마 길이 보이기 시작할 거예요.

어제로 돌아갈 순 없어요.
난 어제와 다른 사람이니까요.
내일은 어떤 사람이 될 예정인가요?

함정에 빠지지 마세요.

"이렇게 해야 해.
넌 참 착해.
참 한결같아.
한 번도 불평하지 않았어."

이런 말은 모두 함정이에요.
내가 나를 잊고 남에게 맞춰 살라고
누군가 만들어놓은 함정.

내가 종종 빠지는 함정을 한번 찾아보세요.

엄마의 이력서 쓰기

엄마로 살아온 당신은 분명 다음과 같은 특성이 있습니다.
이 문장을 기초로 자기 소개서를 써보세요.

사회성이 좋습니다. 문제 해결력이 뛰어납니다. 창의적입니다. 임기응변에 강합니다. 위기에

강합니다.

나의 자서전 쓰기

30년 후 당신은 자서전을 씁니다.
자서전 제목을 정해보세요. 그리고 내용도 채워보세요.

제목 _____

인생에서 가장 놀랍고 감동적인 순간은 언제였나요?

그때 당신에게 가장 중요한 사람 세 사람을 떠올려보세요.

그들은 당신의 삶에 어떤 방식으로 어떤 영향을 주었나요?

긍정적인 영향을 가장 많이 준 사람은 누구인가요?

부정적인 영향을 가장 많이 준 사람은 누구인가요?

부모가 지금의 나를 형성하는 데 끼친 영향은 어떤 것인가요?

내 인생에서 가장 밑바닥으로 떨어졌을 때는 언제였나요?

가장 최악의 순간은 언제였나요?

지금 감사하고 감동받고 감탄하는 것은 무엇인가요?

날마다 더 행복해지는 나를 위한 일러스트 다이어리북

엄마도 가끔 혼자만의 시간이 필요해

초판 1쇄 발행 2016년 10월 28일
초판 2쇄 발행 2020년 10월 19일
지은이 이임숙

펴낸이 민혜영
펴낸곳 카시오페아
주소 서울시 마포구 월드컵로 14길 56, 2층
전화 02-303-5580 | **팩스** 02-2179-8768
홈페이지 www.cassiopeiabook.com | **전자우편** editor@cassiopeiabook.com
출판등록 2012년 12월 27일 제2014-000277호
편집 최유진, 진다영 | **디자인** 고광표, 최예슬 | **마케팅** 허경아, 김철
외주편집 박김문숙 | **외주디자인** 김진디자인

ISBN 979-11-85952-56-7 03190
이 도서의 국립중앙도서관 출판예정도서목록(CIP)은 서지정보유통지원시스템 홈페이지(http://seoji.nl.go.kr)와
국가자료공동목록시스템(http://www.nl.go.kr/kolisnet)에서 이용하실 수 있습니다.
(CIP제어번호: CIP2016024942)

* 잘못된 책은 구입한 곳에서 바꾸어 드립니다.
* 책값은 뒤표지에 있습니다.